Motomenai – Ohne Verlangen

Shozo Kajima
Motomenai
Ohne Verlangen

aus dem Japanischen von
Annerose Akaike

Neue Erde

3. Auflage 2017

Shozo Kajima
Motomenai – Ohne Verlangen

MOTOMENAI
Copyright © 2007 KAJIMA Shozo
Alle Rechte vorbehalten.
Die Originalausgabe erschien 2007 in Japan bei Shogakukan Inc.
Die deutschen Rechte wurden von Shogakukan Inc.
durch das Japan Foreign-Rights Centre vermittelt.
Übersetzt aus dem Japanischen von Annerose Akaike.
Copyright © für die deutsche Ausgabe: Neue Erde GmbH 2012
Alle Rechte vorbehalten.

Titelseitengestaltung: Dragon Design, GB,
Illustration: Marina Demidova/shutterstock.com

Satz und Gestaltung: Dragon Design, GB
Gesetzt aus der Rotis Semi Serif

Gesamtherstellung: Appel & Klinger, Schneckenlohe
Printed in Germany

ISBN 978-3-89060-602-6

Neue Erde GmbH
Cecilienstr. 29 · 66111 Saarbrücken · Deutschland
Planet Erde · www.neue-erde.de

Als Einführung

Von Anfang an möchte ich ein mögliches Missverständnis ausschließen. Wenn ich von »ohne Verlangen« spreche, gehe ich von der Voraussetzung aus, dass wir Menschen von Natur aus Wesen sind, die unbedingt begehren und verlangen. Nur im Eingeständnis dieser Tatsache hat es Sinn, über ein Leben ohne Verlangen nachzudenken.

Den Menschen sind vier lebenserhaltende Triebe eingepflanzt: Nahrungstrieb, Geschlechtstrieb, Selbsterhaltungstrieb, Arterhaltungstrieb. Von diesen Trieben, die anscheinend allen Menschen zu eigen sind, geht ein Impuls zum Leben aus. Diese triebhaften Instinkte sind nicht negativ zu verstehen, sondern im Gegenteil positiv zu bewerten.

Zu behaupten, man könne die fünf Sinnesfreuden oder irdischen Leidenschaften aufgeben, kommt einer Täuschung nahe. Dies kann niemand.

Es scheint mir entscheidend wichtig, dass unser Verlangen ganzheitlich von Körper und Geist gesteuert wird. Wenn der »Kopf« die natürlichen Triebe des Körpers unter

Kontrolle bringen will, entstehen abartige Wünsche. So kann es am Ende geschehen, dass wir ungewollten, überflüssigen Dingen nachjagen. Dies ist im Grunde schon alles, was ich sagen will.

Ohne Verlangen zu leben, bedeutet nur, dass es möglich ist, ohne unnötiges Wünschen und Wollen auszukommen. Auf diese Weise bewegt sich das Leben fort und fort und erfüllt sich mit Freude. Diese Einsicht in die Wirklichkeit umzusetzen, ist jedoch schwieriger, als man denkt, weil der Kopf das natürliche Verlangen des Körpers ignoriert. Da muss man ein für sich richtiges Maß finden und ab und zu eine Pause einlegen. Manchmal reicht es schon, sich dieses Wort »ohne Verlangen« vorzusprechen. Dann wirst du merken, wie du dich gleich besser fühlst.

Alle verschiedenartigen Lebensformen streben vorwärts. Mit der ganzen Lebenskraft entfalten sich Blumen und Gräser. Schau dir den Stengel einer Feldblume an! Wenn sie Blüten hervorgebracht hat, wartet sie still auf die nächste Umwandlung. Das möchte ich mir abschauen und von den Gräsern lernen. Darüber denke ich oft sinnend nach.

Ohne Verlangen –
so gestaltet sich dein Leben ganz wie von selbst.

Ohne Verlangen –
so merkst du, dass du in diesem Augenblick schon
genug hast.

Ohne Verlangen –
so wird alles, was du schon hast, von Leben erfüllt.

Ohne Verlangen –
so wird dir klar, das du wider Erwarten gut
zurechtkommst.

Ohne Verlangen –
so verstehst du, dass die Menschen von Natur aus
immer nach etwas verlangen.

Ohne Verlangen –
so musst du über dich selber lachen, wie du immer
nach links und rechts geschielt hast.

Ohne Verlangen –
so schämst du dich über dich selbst, was du alles
Unsinniges haben wolltest.

Ohne Verlangen –
so wird es friedlich in deinem Herzen.

Ohne Verlangen –
so atmet es sich ganz leicht.

Ohne Verlangen –
so entspannt sich dein Körper und Geist zugleich.

Ohne Verlangen –
so öffnet sich dein Herz weit.

Ohne Verlangen –
so brauchst du dich nicht darum zu kümmern, was
andere über dich denken.

Ohne Verlangen –
so kannst du leichter herausfinden, was du gerne
machen möchtest.

Ohne Verlangen –
so lösen sich die Ängste auf.

Ohne Verlangen –
so wird dein Herz licht und klar.

Ohne Verlangen –
so verschwindet allmählich deine Trauer.

Ohne Verlangen –
so fängt die Zeit an, langsam dahinzufließen.

Ohne Verlangen –
so breitet sich in deinem Herzen Frieden aus.

Ohne Verlangen –
so verliert sich das unnötige Geschwätz im Sande.

Ohne Verlangen –
so brauchst du dich nicht mehr zu hetzen.

Ohne Verlangen –
so wirst du lernen zu warten.

Ohne Verlangen –
so lernst du, dem natürlichen Lauf der Dinge zu
vertrauen.

Ohne Verlangen –
so wird dein Urteil gerecht ausfallen.

Ohne Verlangen –
so werden deine Augen die Wirklichkeit klar
erfassen.

Ohne Verlangen –
so kannst du anfangen, die Dinge zu sehen,
wie sie sind.

Ohne Verlangen –
so wirst du die wahren Umstände besser erkennen
und anfangen, dich selbst objektiv zu sehen.

Ohne Verlangen –
so erkennst du, wie einsam du bist ohne dieses
Verlangen.

Ohne Verlangen –
so wirst du entdecken, wie mutig dieses wunschlose
Selbst ist.

Ohne Verlangen –
so wird dir bewusst, dass du eigentlich auf der Suche
nach Wahrheit bist.

Ohne Verlangen –
so wird deine Mitte mehr und mehr sichtbar.

Ohne Verlangen –
so begegnest du deinem unabhängigen Selbst.

Ohne Verlangen –
so fängt deine innere Uhr sich zu drehen an.

Ohne Verlangen –
so wird alles, was zu dir gehört, wunderbar
erscheinen.

Ohne Verlangen –
so wirst du dein Augenmerk auf die wichtigen Dinge
richten, die im Grunde schon immer in dir ruhten.

Ohne Verlangen –
so werden auch die anderen Menschen aufhören,
etwas von dir zu erwarten.

Ohne Verlangen –
so bist du frei in deinen Beziehungen.

Ohne Verlangen –
so wirst du besser verstehen lernen, was andere
Menschen sagen, und weiter noch wirst du ein
besserer Zuhörer werden. Daraus wächst viel Freude.

Ohne Verlangen –
so werden dir die Menschen ohne Scheu vertrauen.

Ohne Verlangen –
so wird sich der Ausdruck deiner Augen ändern,
und die Menschen werden dich auch mit neuen
Augen sehen.

Ohne Verlangen –
so kommt deine innere Würde zum Vorschein.

Ohne Verlangen –
so entfernen sich die Menschen, die etwas von dir
fordern.

Ohne Verlangen –
so gesellen sich die Menschen zu dir, die nichts
durch dich erlangen wollen.

Ohne Verlangen –
so wenden die Menschen sich dir von Herzen zu.

Ohne Verlangen –
so entsteht Harmonie zwischen euch.

Ohne Verlangen –
so fängst du an, die Gefühle anderer zu verstehen,
denn deine Augen schauen nicht nach Vorteil oder
Gewinn.

Wenn du dich umschaust, siehst du, wie die
Menschen vom Wunsche nach mehr getrieben sind.
Wie werden sie staunen, wenn nur du alleine nicht
mehr haben willst, als du schon hast!

Ohne Verlangen –
so werden sie dich fragen, was du eigentlich denkst.

Du brauchst sie nur anzulächeln.

Anstelle von Wünschen und Wollen wird Humor aus deinem Herzen quellen.

Ohne Verlangen –
so fühlt es sich an, als ob die Sonne in deinem
Herzen strahlt.

Ohne Verlangen –
das lässt dir die Augen aufgehen für das Wunder des
Herzens.

Ohne Verlangen –
so merkst du, dass es dir nichts ausmacht, nicht
mehr erlangen zu wollen.

Ohne Verlangen –
so wirst du nicht enttäuscht.

Ohne Verlangen –
lässt sich nach deinem eigenen Rhythmus bewegen.

Ohne Verlangen zu sein – bringt dir die Gewissheit,
wie beglückend es ist, ohne Verlangen zu leben.

Ohne Verlangen –
das lässt dich wieder die Freude empfinden, die du
als Kind hattest.

Ohne Verlangen –
so fängst du an, dich selbst zu sehen und wer du
jetzt wirklich bist.

Ohne Verlangen –
so verstehst du, dass du unschätzbar wertvoll bist.

Ohne Verlangen –
so nimmst du wahr, wonach du unbewusst gesucht
hast.

Ohne Verlangen –
so erkennst du, welche Dinge du notwendig
brauchst.

Ohne Verlangen –
so begreifst du, dass die innerlichen Dinge viel
wichtiger sind.

Ohne Verlangen –
so wirst du Dinge sehen, die du nicht sehen
konntest, als du noch vieles haben wolltest.

Ohne Verlangen –
so merkst du, dass du mit vielen Dingen verbunden
bist, ohne nach ihnen zu suchen.

Ohne Verlangen –
so wirst du über dich selbst staunen, dass du auch
ohne etwas zu verlangen leben kannst.

Ohne Verlangen –
so wirst du gewahr, was aus der Tiefe deiner Seele
hervorquillt.

Ohne Verlangen –
so öffnet sich dein Herz frei zum Himmel.

Ohne Verlangen –
so spürst du, wohin dein Herz dich zieht.

Ohne Verlangen zu leben –
wird weitaus interessanter.

Es ist tatsächlich so: Wenn du nach etwas verlangst, bist du gewöhnlich und langweilig. Aber wenn du nichts anstrebst, bist du ein lebendiger und faszinierender Mensch.

Ohne Verlangen –
so erscheinen Mensch und Natur schöner als zuvor.
Versuch es einmal, es ist wirklich so. Du wirst die
Schönheit von Dingen entdecken, nach denen du
nicht ausgeschaut hattest.

Ohne Verlangen –
so wirst du spüren, wie dein inneres Gleichgewicht
sich wieder einstellt.

Ohne Verlangen –
so wird dein inneres Potential erwachen. Das ist
nämlich der Spaß an der Sache!

Ohne Verlangen –
so wirst du alles anders sehen, denn deine Augen
versuchen nicht, die gewohnten Formen und Bilder
zu suchen.

Ohne Verlangen –
so fangen auch deine Ohren an, anderes zu hören.
(Du wirst dann andere Stimmen wahrnehmen, die du
nicht hören konntest, als du noch etwas Bestimmtes
erwartet hattest.)

Ohne Verlangen –
so wird ein echtes Lachen in dir aufbrechen (nicht
ein Lachen, das höfliche Komplimente macht oder
gefallen will). Es ist ein Lachen, das aus deiner Tiefe
quillt, wenn du ganz eins mit dir bist.

Ohne Verlangen –
so wirst du aufhören, immer zu vergleichen (dich
selbst mit anderen Menschen, Gegenwärtiges mit
Vergangenem, Sachen und ihren Wert oder Haben
und Nicht-Haben).

Ohne Verlangen –
so wird dir bewusst, dass du erwachsen geworden
bist. Solange du nach Dingen verlangt hast, bist du
noch ein Kind, ganz gleich, wie viele Jahre du zählst.

Ohne Verlangen –
so kommen Sachen auf dich zu, die früher nicht
erschienen, als du dauernd danach suchtest, aber das
geschieht nicht gleich, erst, wenn du es fast
vergessen hast.

Ohne Verlangen –
so merkst du, dass du ursprünglich gar nicht
solche Dinge haben wolltest. Nur weil du von einer
grundlosen Angst getrieben und von Eitelkeit
angestachelt wurdest, kamen diese Wünsche auf.

Ohne Verlangen –
so kommt es nur auf dich an, wie du im Augenblick
bist!

Ohne Verlangen –
so hörst du auf deine eigene Stimme.

Ohne Verlangen –
aus dem Zustand wird Schweigen geboren. In dieser
Stille quillt etwas aus deinem Inneren – es könnte
Liebe sein. (Ob es wohl Liebe ist?)

Ohne Verlangen –
so erkennst du: Wonach das Leben verlangt, ist
etwas ganz anderes.

Ohne Verlangen –
so wirst du natürlich, weil die Natur nichts vom
Menschen verlangt.

Ohne Verlangen –
so wird deine Verdauung und ebenso deine
Blutzirkulation gut. (Dies meine ich im übertragenen
Sinne auf seelischer Ebene. Aber man könnte es
auch auf den Körper beziehen.)

Ohne Verlangen –
so wird dein Gesicht einen neuen Ausdruck
bekommen. Du hast jetzt ein weiches Gesicht.

Ohne Verlangen –
so wird dir bewusst, dass du selbst das andere
verlangende Selbst beobachtest.

Ohne Verlangen –
das bedeutet, du weißt darum, dass alles, so wie es
ist, genügend ist.

Ohne Verlangen –
also hast du Verlangen nach mehr, weil du nicht
fühlst, dass du genug hast? Nein, du verlangst nach
mehr, weil du nicht erkennst, dass alles schon
genügt. Der Körper fühlt, »es genügt mir«, aber
der Kopf tut so, als ob er es nicht wüsste.

Ohne Verlangen –
so fühlst du dich frei. Und aus dieser Freiheit
entspringt Energie.

Wenn du von »Verlangen« auf »Nichtverlangen« umgeschaltet hast, dann eröffnen sich dir unzählige Möglichkeiten.

Ohne Verlangen –
still zu werden, so hast du Frieden im täglichen
Leben.

Es ist eine einfache Sache.

Man fragt mich manchmal: »Warum lebst du jetzt auf dem Land?« Das ist ganz einfach. Es wurde mir in der Großstadt zu anstrengend, weil ich immer die Gesellschaft von anderen Leuten suchte.

Ohne Verlangen –
so wurde mir bewusst, in welch einem ungewohnt,
wunderbaren Zustand mein Geist und Herz sich
bewegten. Bis dahin war ich ständig am Suchen.
Ein Tag ohne Verlangen, das hatte es niemals zuvor
gegeben. Solch ein Gefühl, ohne Verlangen zu sein,
hatte ich nicht gekannt.

»Das brauche ich nicht«, sagt man vielleicht, weil
man zu der Zeit gerade etwas anderes begehrt.
Es bedeutet nur, dies brauche ich nicht, aber das...
Durch dieses Wort »ohne Verlangen« möchte ich
dich, den Leser, erreichen, und ich muss gestehen,
dass ich von dir gehört werden möchte. Das kann
ich nicht leugnen. Wenn du diese Worte ungehört
beiseitelegst, beschwere ich mich nicht.

Sei es so, dass du diese Worte nicht akzeptieren kannst, dann werde ich nicht enttäuscht oder traurig sein. Wenn ich dennoch erwarte, dass mein Buch gelesen wird, diese Erwartungshaltung mögt ihr mir verzeihen.

Verlangen und Nichtverlangen – wenn du diese
beiden bunten Fäden in dein Lebensmuster
hineinzuweben verstehst, wird dein Leben eine gute
Balance finden.

Es ist unmöglich, dass der Mensch überhaupt ohne
Verlangen auskommt. Der Mensch begehrt und
verlangt immer. Er ist nun einmal solch ein
Lebewesen, das immer nach etwas verlangt. Es gibt
Zeiten, in denen wir von uns selber etwas verlangen,
und Zeiten, in denen wir von anderen etwas
erwarten. Um das eigene Leben zu erhalten,
brauchen wir Kleidung, Nahrung und eine
Wohnstätte. Das ist eine unvermeidliche
Forderung des Körpers.

Wenn der Durst nach Wissen auftaucht, wollen wir mehr wissen und verstehen. Auch das ist selbstverständlich. Der Kopf verlangt danach. Damit du selber und andere Menschen besser leben können, machen wir viele Anstrengungen, die notwendig sind. Aber denk mal nach, wer von beiden, Körper oder Kopf, dein Verlangen nach mehr steuert. Ob nicht der Kopf den Körper unterwirft und vielleicht zu viele unnötige Dinge begehrt? Der Kopf ist unersättlich, und davon mitgezogen, fängt der Körper an, sich übermäßig in Aktion zu setzen.

Wirklich nur fünf Minuten, nein, drei Minuten reichen schon. Versuche einmal, ohne Verlangen zu sein. Lass einmal alle Tätigkeiten unbeachtet liegen und versuche, den ganzen Körper von der Kontrolle des Verstandes loszulösen. Wenn es möglich ist, leg dich flach auf den Rücken auf eine Wiese und schau in den Himmel. Oder lass dich mit weit ausgestreckten Armen und Beinen auf dem Meer treiben!

Geh einmal tief in dich und schau dich um! Du wirst vor Schreck erstarren, weil dein Inneres mit schmutzigem Gerümpel vollgestopft ist. Wenn du zurückblickst, was für Sachen und Dinge du bisher angehäuft hast, so wird dir die Lust vergehen, nach mehr zu verlangen. Nach und nach entweicht aus deinem offenen Mund ein stinkender Atem, bis dein Inneres leer geworden ist. Dort quillt dann eine Quelle von reinem Wasser. Im Leben jedes Menschen geschieht dies offenbar nur ein oder zwei Male.

Ohne Verlangen –
wenn du dieses Wort zu dir selbst sagst, wird
zugleich dein anderes Selbst auftauchen, das nicht
ohne Begierde sein kann. Es ist gut so, lass es zu!
Von diesem ersten Bewusstwerden ausgehend, fängt
alles an. Erst dann beginnst du, die Bedeutung von
»ohne Verlangen« zu verstehen, und das Wunderbare
in diesem neuen Zustand wird für dich fühlbar.

Ohne Verlangen zu leben, heißt nicht, gar nichts mehr von sich aus zu tun. Im Gegenteil, indem du nicht mehr verlangst, wächst deine innere Kraft. Die Stärke, die in dir bisher geschlafen hat, wird wachgerufen. So findest du eine natürliche, spontanere Lebensweise.

Die Kinder kommen auf dich zu, um mit dir zu spielen. Die Erwachsenen wollen nicht mehr mit dir in Wettstreit treten. Es kann aber auch passieren, dass sie dich für dumm halten und sich über dich lustig machen.

Da ist ein Selbst, das begehrt, und ein anderes Selbst, das nicht begehrt. Das Selbst, das ohne Verlangen existiert, beobachtet das vom Ego getröstete Selbst. Dieses egolose Selbst wohnt unten im Bauch und wispert zu dem Ego oben im Kopf: Sei ohne Verlangen!

Das kopfige Selbst kann die Stimme vom Bauch (Hara) kaum hören, weil dieser Kerl da oben seine Aufmerksamkeit nach außen richtet und sich ständig von Geräuschen, Lichteindrücken und kommenden Besuchern ablenken lässt. Kein Wunder, dass er die Stimme aus dem Bauch nicht hört! Deswegen muss das tiefsitzende Selbst das oben herrschende Selbst manchmal tüchtig aufrütteln, sozusagen von unten her ihm kräftig in den fleischigen Hintern kneifen!

Ohne Verlangen –
so erlebst du, wie sich dir spontan Tore öffnen. Es kann sich ein Tor auf deiner linken Seite öffnen, und du findest unerwartetes Glück. Oder es kann sich ein Tor zur Rechten auftun und bringt dir vielleicht unerwartet Unglück.

Wenn du aus eigenem Willen ein Tor öffnest und dahinter eine unglückliche Erfahrung vorfindest, wirst du dich wahrscheinlich ärgern. Aber wenn sich dir spontan Wege eröffnen, seien sie Glück oder Unglück bringend, dann kannst du in jedem Fall beide ruhig akzeptieren, weil du nicht selbst gewählt hast.

Ohne Verlangen –
so wird deine Angst abnehmen, und du wirst
schließlich ganz befreit sein von Angst. Denn in den
meisten Fällen entspringt die Angst aus dem
Begehren. Du möchtest etwas haben, aber du
bekommst nicht, was du erwartet hast. Du stürzt
dich in allerlei Ängste und leidest. Dies trifft
besonders zu, wenn du von einem Menschen etwas
erwartet hattest.

Du erwartest eine Gefälligkeit von jemandem, aber fürchtest gleichzeitig, dass er dir kühl ausweicht. Oder du verlangst eine höhere berufliche Position oder ein besseres Gehalt und lebst mit Ängsten, dass man dir diese Bitte ausschlägt. Aus solcher Furcht, Sorge und Unsicherheit entsteht Stress.

Ohne Verlangen –
so kannst du den größten Teil deiner Sorgen
ablegen. Wenn du einmal von Ängsten befreit bist,
erlebst du die beste Zeit deines Lebens. Ich glaube,
erst dann kann die Freude am Leben beginnen.

Ohne Verlangen –
so wirst du langsam hinter den Menschen hergehen.
Dann wirst du zum ersten Mal die Rückseite der
anderen zu sehen bekommen. Die meisten Menschen
treibt es vorwärts. Sie hetzen und rennen, bis sie
außer Atem sind. Wenn sie dann eine Weile
verschnauft haben, strampeln sie sogar noch
schneller als zuvor. Du wirst dieses Spiel nicht mehr
mitmachen wollen!

Die Blumen suchen die Befruchtung durch Insekten. Die Insekten suchen den Honig der Blumen. Indem die Blumen und Insekten sich beiderseits anziehen, fördern sie gegenseitig ihren Lebensprozess. Es ist kein einseitiges Begehren.

Wenn das Kind nach der Brust der Mutter sucht, möchte die Mutter ebenso das Kind stillen. Es ist nicht so, dass nur eine Seite nach etwas verlangt. Sie fördern und nähren sich gegenseitig.

Zusammenleben ist nicht einseitiges Begehren, sondern ein wechselseitiges Geben. Wenn nur die eine Seite etwas begehrt, wird die andere verletzt, weil ihr etwas geraubt wird.

Die Lebewesen haben seit ewigen Zeiten überlebt und sich weiterentwickelt, weil sie darauf angewiesen sind und danach streben, sich gegenseitig am Leben zu erhalten. Wenn dieser Austausch aufhören würde, wird die Menschheit vermutlich ihrem Verfall entgegengehen.

Jeder Mensch möchte von jemandem begehrt werden. Jeder einzelne möchte von anderen gebraucht werden. Wenn du glaubst, dass dich niemand braucht, fühlst du dich einsam und bekommst Angst. Um diese Angst zu löschen, sucht jeder die Nähe von anderen Menschen. Das ist selbstverständlich gut.

Nur soll man wissen, dass dein Gegenüber Angst bekommt, wenn du nicht von Herzen aus, sondern mit Gewalt etwas von ihm willst. Wenn du nicht gewaltsam begehrst, wird der andere dir vertrauen und von sich aus auf dich zukommen. Weil du nichts verlangst, möchte dein Partner etwas Gutes für dich tun.

Ohne Verlangen –
so wirst du anfangen, dein Selbst, das ohne
Begehren auskommt, kennenzulernen. Da beginnt es
nämlich interessant zu werden. Du fängst an zu
lieben. Dieses Selbst mag sich eine Weile einsam
fühlen oder auch ängstlich werden. Und dann,
allmählich, beginnst du wieder nach Freunden
Ausschau zu halten. So ist es gut. Du hast auf jeden
Fall eine Zeit lang dein Selbst kennengelernt, das
keinen anderen begehrt.

Ohne Verlangen –
so verschwindet dein Abhängigkeitsgefühl. Das
Gefühl der Abhängigkeit beruht auf einer Illusion.
Die Menschen sind bereit, sich auf ein Phantom zu
verlassen.

Ohne Verlangen –
so brauchst du dich nicht mehr von der Meinung
und den Gefühlen anderer Menschen abhängig zu
machen. In diesem Sinne unabhängig zu sein, ist für
dich ein enormer Pluspunkt.

Nur die Menschen, die darum wissen, dass alles, wie es jetzt ist, ausreicht, können den Reichtum des Lebens genießen. Ihr Reichtum ist die Freude am Leben. Versteht mich recht! Ich sage nicht, dass wir auf Freude und Genuss verzichten sollen.

Was wir gerne tun und woran wir uns erfreuen, das sollen wir ergreifen und genießen. Wenn du mehr Freude willst als du vertragen kannst, so tust du besser daran, deine Grenzen zu finden. Wenn du dich an die Grenze hältst, die für dich genug ist, dann bleibst du von Freude erfüllt, weil alles, was direkt mit deinem Leben zu tun hat, dich glücklich macht.

In dieser einfachen Zufriedenheit mit dem, was du hast, mit dem, was du liebst und brauchst, findest du innere Ruhe und Frieden. Das ist wirklicher Reichtum.

In Zeiten, in denen du ohne Verlangen sein kannst, fühlst du dich am freiesten. Nehmen wir an, du hast genügend anzuziehen und genug zu essen und du hast eine ausreichende Wohnung. Wenn du darüber hinaus nicht mehr verlangst, bist du sehr frei.

Tatsächlich kannst du ohne Verlangen leben, weil du schon alles hast. Es ist unsinnig, anderen Menschen, die das Notwendige zum Leben nicht haben, zu predigen: Sei ohne Verlangen. Erst wenn Kleidung, Nahrung und Wohnraum vorhanden sind und du selbst gesellschaftliche Normen und Geltungsdrang abgeworfen hast, kommt die Freiheit.

Aber wenn von dir erwartet wird, dass du ohne Verlangen sein sollst, und du dem folgst, was andere dir sagen, das macht dich nicht frei.

Dass jeder, der genügend besitzt, ganz einfach ohne Verlangen leben kann, ist eine falsche Annahme. Es betrifft uns alle, dich und mich, sie und ihn auch! Obwohl wir ausreichend haben, begehren wir mehr.

Warum ist das so? Warum wollen Menschen immer
noch mehr haben, obwohl sie mit allem gesättigt
sind?

Es ist die Angst! Obwohl sie genügend besitzen,
machen sie sich Sorgen, dass es in Zukunft nicht
ausreichen könnte. So kaufen sie mehr und mehr,
weil sie Angst haben.

Nun mag man mich fragen: Warum sprichst du eigentlich die ganze Zeit über Leben ohne Verlangen? Das ist ganz einfach. Weil ich mich ohne mehr zu wollen sehr wohl fühle.

Nachwort der Übersetzerin

»Motomenai« ist der Titel dieser Aphorismen, die der Autor, einer Eingebung folgend und ohne die Absicht, ein Buch zu schreiben, über ein halbes Jahr gesammelt hat. Es sind Gedichte und Gedankenfetzen, die die zugrundeliegende Idee klarwerden lassen. Es bleibt den Lesenden überlassen, den Sinn der kurzen Verse in seine eigene Lebenserfahrung hineinzutragen und für sich zu deuten.

Die japanische Sprache ist vieldeutig und vage. Sie legt sich oftmals nicht fest, wer spricht und wer angesprochen wird. Es fehlt das Subjekt und das Objekt, die zu erraten bleiben. Das Verb »motomeru« in der Grundform (die Verneinungsform ist »motomenai«) hat viele Bedeutungen und Nuancen. Außer »verlangen«, »begehren«, »fordern«, »wünschen«, »haben wollen« heißt es auch »erwerben« und »kaufen«. Vom Sprachstamm her ist es ein ursprünglich japanisches Wort der Umgangssprache, das von jedem benutzt wird. Es gibt mit derselben Bedeutung auch andere japanische Wörter, die durch ursprünglich chinesische

Schriftzeichen zusammengesetzt sind. So einfach wie dieser Titel »Motomenai« klingt, so tiefgründig und vielbedeutend wird dieses kleine Wort durch die daoistische Sichtweise des Autors.

Bei der Übersetzung ins Deutsche ist es unvermeidlich, dass feine Nuancen der Dichtung verlorengehen. Es ist keine wortgetreue Übersetzung. Durch einige wenige Zusätze, die der Autor befürwortete, wird der Sinn der Aussage für den deutschen Leser hoffentlich leichter verständlich.

Im September 2010
Annerose Akaike

Über den Autor

Der Dichter und Maler Shozo Kajima wurde am 12.1.1923 in Tokyo geboren. Er begann seine Lehrtätigkeit mit 31 Jahren als Professor für Englisch-Amerikanische Literatur an den staatlichen Universitäten in Matsumoto und Yokohama. Er schuf sich einen Namen als Übersetzer vieler Werke der amerikanischen Literatur: Faulkner, Mark Twain, Agatha Cristie u. a. Nach seinem 65. Lebensjahr wandte er sich der ostasiatischen Philosophie zu und begann Kalligraphie und Tuschmalerei im chinesischen Stil. Seine eigenen Bücher sind alle auf japanisch in Tokyo veröffentlicht.

1993	Erste poetische Übersetzung von Laotse (Tao – Here. Now)
1995	Essay-Sammlung über Taoismus (Laotse in the Ind-Valley)
2000	TAO – Komplette Übersetzung von Laotses Tao Te Ching
2000	Mit Laotse leben (Roshi to kurasu)

Über die Übersetzerin

Annerose Akaike, geb. Billich, wurde 1939 in Stragard/
Pommern geboren. Sie wurde Ärztin wie ihr Vater und
belegte neben ihrem Medizinstudium auch Vorlesungen in
Philosophie und Psychologie. Im Studium lernte sie ihren
späteren Mann, den Japaner Akira Akaike kennen, mit dem
sie 1969 nach Japan übersiedelte. Sie arbeitete dort als
Ärztin und nach dem Tod ihres Mannes (1986) auch in
Thailand, wobei sie sich sehr intensiv mit alternativen Heil-
methoden und mit dem Buddhismus beschäftigte. Später
kehrte sie nach Japan zurück. Die letzten zehn Jahre ihres
Lebens lebte sie mit dem Autor Shozo Kajima zusammen
und praktizierte Homöopathie. Sie starb im Mai 2011 in
Matsumoto, Japan, kurz nach Abschluss dieser Übersetzung.